Ten-Minute Hebrew Reader

בְּעֶשֶׂר דַּקּוֹת

by Roberta Osser Baum and Nili Ziv

BEHRMAN HOUSE
Springfield, NJ
www.behrmanhouse.com

HOW TO USE THIS BOOK

Musicians know how to play their instruments.
But even the best practice their scales. Pianists
warm up the muscles in their fingers by
running them up and down the keyboard.
Violinists draw their bows and press their
fingers on the strings. Then they are ready
to play piano sonatas and concertos.

Athletes know how to play their sports.
But even professional players take
the time to practice. They warm up
their muscles by stretching. They
lift weights to strengthen their arms
and legs and do breathing exercises to increase their stamina. Then
they are ready to play in baseball games or run marathons.

It's the same with Hebrew decoding. By practicing you can build your
skills and keep them strong. This book will help you do just that.

The *Ten-Minute Hebrew Reader* is divided into twenty-two Reading Workouts.
Each one can be completed in just ten minutes. You won't even work up a
sweat! Some of the workouts are so useful (and hopefully even fun!) that
you may decide to repeat them. If you take the
book home, you can work out there too.

As you complete the workouts, your
reading will become more accurate — you'll
make fewer and fewer mistakes. And the
speed will increase— you'll read faster and
faster. By the time you finish all twenty-two
workouts you will certainly deserve the
Gold Medal on the last page of the book!

ALEF-BET WARM-UP

Say the sound of each Hebrew letter below.

Circle the five final, *sofit*, letters. (The ones that only are used at the ends of words.)

1 א בּ ב ג ד ה

2 ו ז ח ט י כּ כך

3 ל מם נן ס ע פּ פף

4 צץ ק ר שׁ שׂ תּ ת

VOWEL POWER

Read each line from 1 to 4 aloud.
Then read the lines from 4 to 1.

Ask a friend to pick a number from 1–4.

Then read that line again.

1 אַ בָּ בַ גֶ דָ הִ

2 וָ זֵ חֶ טוֹ יָ כֶּ כַ

3 לוּ מֶ נָ סוֹ עַ פָּ פָ

4 צַ קִ רוֹ שֶׁ שֶׂ תּוּ

FINAL LETTER AEROBICS

Complete this activity with a partner.

Read the first half of each line in Column A and have your partner finish the line.

After all six lines have been read, switch.

Have your partner read the first half of Column B, and you finish the line.

COLUMN A

1 לָ דִי חֶ

2 פֶ תֵ מֵ

3 רֶ פֵ עֵ

4 לִי כַ גוּ

5 רוּ לֹ לֶ

6 תֶ מֹ דֶ

COLUMN B

1 לָם דִים לֶחֶם

2 פֶן תֵן אָמֵן

3 רֶץ פֵץ הָעֵץ

4 לִיף כַף הַגוּף

5 רוּךְ לֹךְ מֶלֶךְ

6 תֶךָ מֹךָ יָדֶךָ

ROWING EXERCISE

Complete this exercise with a group.

Sing the sounds below to the tune of "Row, Row, Row Your Boat."

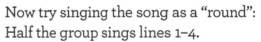

Now try singing the song as a "round":
Half the group sings lines 1–4.

The other half begins singing lines 1–4
when the first half reaches line 3.

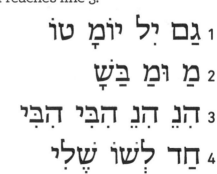

1 גַם יִל יוֹמָ טוֹ

2 מַ וּמַ בַשָׁ

3 הִנֵ הִנֵ הִבִי הִבִי

4 חַד לְשׁוֹ שֶׁלִי

RESH DALET DASH

Watch out for the look-alike letters as you read each line aloud.

Jump after each time you say a syllable with the *d* sound.

1 דֶ רֶ רַ דוֹ רִי דָ דִי רִי דֵ דָ רַ רוּ

Turn in a circle after you say the syllable *deer*.

2 רַב דוֹר רָא דוֹשׁ דִיר דָה רָה

Turn in a circle after you say the word *kiddush*.

3 רַבָּה קִדוּשׁ וָעֶד דַרְכֵי נִדְרֵי דֶבֶר דֶרֶךְ׃

GYM WORKOUT

Complete this workout with a group.

Read each line aloud to hear the exercise machine. To really hear the sound of the gym, have half the group read lines 1 and 2 and the other half read lines 3 and 4 at the same time.

1 רַשָׁשַׁ דַשַׁשָׁ לַדַד רָת

2 דַלַלָ רָלַלַ שַׁדָדָ לַת

3 רַתָתֵ רָתַּתֵ רַתַתָּ תַת

4 שָׁלַתַ דַשָׁל לָשָׁדַ לַת

BAND PRACTICE

Complete this exercise with a partner.

Take turns reading the lines to make the band play.

Underline eight words to make your own band sound, and ask your partner to read your tune.

1 וּמְגַגַ בּוּם וּמְגַגַ בּוּם וּמְגַגַ בוּם

2 תוּת תוּת רַתַּתָּ תַּת תֶּת תִּת

3 קְלִינְק קְלַנְק זוּם קְלִינְק קְלַנְק זוּם שָׁבּוּם

PRAYER POWER

Read the words of this Psalm.

Try to learn how to sing them. Let's hear!

הִנֵה מַה טוֹב וּמַה נָעִים

שֶׁבֶת אַחִים גַם יָחַד.

MUSICAL WARM-UP

Start with a low note, and sing each sound progressively higher and higher.

1 דוֹ רֵי מִי פַ סוֹ לָ טִי דֹ

Start with a high note, and sing each sound progressively lower and lower.

2 דֹ טִי לָ סוֹ פַ מִי רֵי דוֹ

Can you sing line 1 while standing on your tiptoes the whole time?

Circle one: I did it Y /N

HAY, CHET, TAV MARATHON

Watch out for the look-alike letters as you read each line.

Smile each time you say a syllable with the *h* sound.

1 חַ הוֹ הֵי הִ חוּ הוּ חֻ

Tap your head each time you say a syllable with the *t* sound.

2 תִ תֵי חֵ חָ הַ תוּ תֶ

Clap each time you read a vowel that makes the *ah* sound.

3 תָה חַת רָה רָתוֹ הֶ

PRAYER POWER

Read this famous prayer, the Sh'ma, aloud.

Try to learn how to sing it. Let's hear!

שְׁמַע יִשְׂרָאֵל יְיָ אֱלֹהֵינוּ יְיָ אֶחָד.

ZOO JOG

Read the names of the animals.

Circle the ones you recognize.

זֶבְּרָה ₁   נָמֵר   קֶנְגּוּרוּ   גָּמָל   אַרְיֵה

בִּיבָר ₂   קוֹף   לָמָה   נָחָשׁ   גּוֹרִילָה

CLIMB THE LADDERS

Complete this exercise with a partner.

Climb up ladder A by reading the words (1–5).

Ask your partner to climb down ladder B by reading the words (10–6).

Climb up ladder C by reading the words (11–15).

Then climb down ladder D by reading the words (20–16).

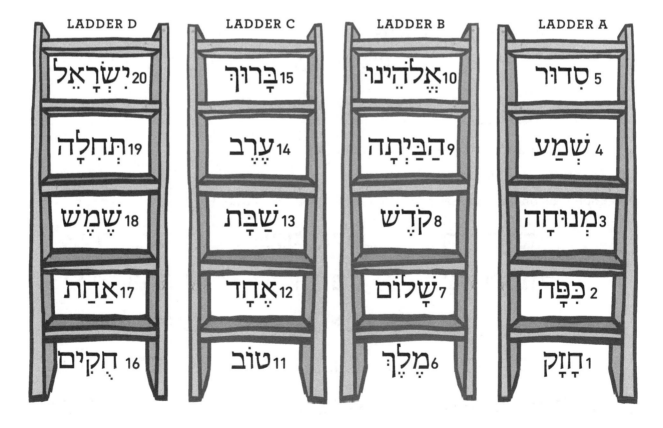

LADDER D	LADDER C	LADDER B	LADDER A
יִשְׂרָאֵל ₂₀	בָּרוּךְ ₁₅	אֱלֹהֵינוּ ₁₀	סִדּוּר ₅
וּתְחִלָּה ₁₉	עֶרֶב ₁₄	הַבַּיְתָה ₉	שְׁמַע ₄
שֶׁמֶשׁ ₁₈	שַׁבָּת ₁₃	קֹדֶשׁ ₈	מְנוּחָה ₃
אַחַת ₁₇	אֶחָד ₁₂	שָׁלוֹם ₇	כִּפָּה ₂
חֻקִּים ₁₆	טוֹב ₁₁	מֶלֶךְ ₆	חָזָק ₁

9

SHIN SIN WARM-UP

Watch out for the look-alike letters as you read each line aloud.
See if you can say them again even faster!

Do a jumping jack after each time you say a syllable with the *sh* sound.

1 שָׁ שָׁ שׁוֹ שַׁ שׁוּ שֶׁ שִׁי

Turn in a circle each time you say a syllable with the *s* sound.

2 שֵׂשַׂ שֵׂשַׁ שַׁבָּ שָׂךָ רַשׁ

Jump after you read the word *sim*.

3 שָׁלוֹ שִׂים שׁוֹן שָׁמֵ שֶׁעָ

Touch your toes after you read the Hebrew word for peace.

4 שָׁלוֹם שְׁמַע שַׁמְתִּי עֹשֶׂה

Do a jumping jack after you read the Hebrew word for Israel.

5 לַעֲשׂוֹת שֶׁעָשָׂה יִשְׂרָאֵל שָׁלֹשׁ

JUMP ROPE

Complete this exercise with a partner.
Take turns reading two words in a row.
Each time one of you reads a word that ends with *nu*, jump twice.

1 אֱלֹהֵי אֱלֹהֵינוּ   מֶלֶךְ מַלְכֵּנוּ   חַי חַיִּים

2 בָּרוּךְ בְּרָכָה   חַג חַגִּים   עֲלִיָּה עוֹלִים

3 קָדוֹשׁ קַדִּישׁ   אָבוֹת אֲבוֹתֵינוּ   חֶסֶד חֲסָדִים

4 יוֹם יָמִים   חָכָם חֲכָמִים   זֵכֶר זִכָּרוֹן

5 צַדִּיק צְדָקָה   נָבִיא נְבִיאִים   סִדּוּר סֵדֶר

SPEED CHALLENGE

Turn back to the *Resh Dalet Dash* on page 6.

Can you read the three lines in thirty seconds or less?

Enter your time here:

I read the three lines on page 6 in __________ seconds.

Date: __________

ROCK AROUND THE CLOCK

Complete this exercise with a partner.

Ask a partner to call out a number from 1–12. Then read the Hebrew word for that number. Take turns calling out and reading.

Then, try to read them while standing on one foot! What number can you each get up to before having to put your second foot down?

12 שְׁתֵּים עֶשְׂרֵה
1 אַחַת
2 שְׁתַּיִם
3 שָׁלֹשׁ
4 אַרְבַּע
5 חָמֵשׁ
6 שֵׁשׁ
7 שֶׁבַע
8 שְׁמוֹנֶה
9 תֵּשַׁע
10 עֶשֶׂר
11 אַחַת עֶשְׂרֵה

11

BOWL-A-THON

Read each word to knock down the pins.

Read all ten words correctly to score a strike!

If your ball rolled to the gutter (was read incorrectly), read it again correctly.

ALLEY I

7 בְּנֵי 8 שַׁבָּת 9 מַלְכָּה 10 כָּבוֹד

4 בְּרִית 5 כֻּלָּנוּ 6 בּוֹרֵא

2 חֲנֻכָּה 3 זִכָּרוֹן

1 וַיִשְׁבֹּת

ALLEY II

7 בָּרְכוּ 8 טוֹבִים 9 דַּרְכֵי 10 כָּתוּב

4 אָבִינוּ 5 כָּמֹכָה 6 הַמְבֹרָךְ

2 צְבָאָם 3 שֶׁכָּכָה

1 הַשְׁבִיעִי

ALLEY III

7 בָּרוּךְ 8 אָבִיב 9 מַבּוּל 10 אַהֲבַת

4 בַּלֵבָב 5 בַּיּוֹם 6 דָּבָר

2 אַבְרָהָם 3 יְבָרֵךְ

1 בְּרֵאשִׁית

CHEER AND CLAP

Read aloud the three lines below.

Clap your hands once for each syllable. For example, for the word *noten*, clap twice, for the word *etz* clap once.

1 נוֹתֵן שֶׁמֶן שָׂשׂוֹן צִיוֹן אָמֵן

2 עֵץ מִיץ אֶרֶץ קִבּוּץ חָמֵץ

3 לֶחֶם הַיָם חַיִים מִצְרָיִם שָׁמַיִם

PRAYER POWER

Read these words from the siddur.

Try to learn how to sing them. Let's hear!

עֵץ חַיִים הִיא לַמַחֲזִיקִים בָּהּ.

בָּרְכוּ אֶת יְיָ הַמְבֹרָךְ:

בָּרוּךְ יְיָ הַמְבֹרָךְ לְעוֹלָם וָעֶד.

ALEF-BET WARM-UP

Read the names of the Hebrew letters softly.

Read them again loudly.

See if you can read them again even louder and faster!

1 אָלֶף בֵּית בֵית גִימֶל דָלֶת הֵא

2 וָו זַיִן חֵית טֵית יוֹד כַּף כַף

3 לָמֶד מֵם נוּן סָמֶךְ עַיִן פֵּא פֵא

4 צָדִי קוּף רֵישׁ שִׁין שִׂין תָּו

NUN GIMMEL STRETCH!

Complete this exercise with a partner.

Stretch down! Read columns A-D.

Stretch across! Have your partner read rows 1–4.

D	C	B	A	
לֵינוּ	גֵן	גֶשֶׁ	נֵה	1
נִסִי	נֵנוּ	בְּגָב	נָתַ	2
נִשׂ	גַדְ	אֲנַחְ	הֵינוּ	3
הִנֵ	גָב	נוֹדֶ	גָדוֹ	4

For extra stretching, call out a column letter (A–D) and row number (1–4), and ask your partner to read the designated word. Then switch.

CHEER AND CLAP

Read lines 1 – 4 below.

Clap your hands as you say each syllable.

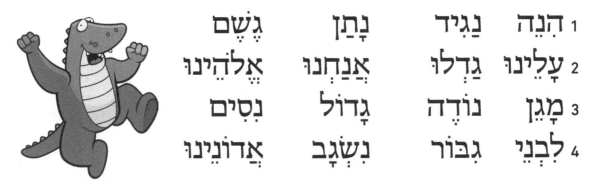

גֶּשֶׁם	נָתַן	נָגִיד	הִנֵּה	1
אֱלֹהֵינוּ	אֲנַחְנוּ	גַּדְלוּ	עָלֵינוּ	2
נִסִּים	גָּדוֹל	נוֹדֶה	מָגֵן	3
אֲדוֹנֵינוּ	נִשְׂגָּב	גִּבּוֹר	לִבְנֵי	4

How many words above end with the sound *nu*?

COOL DOWN

Read each line as sl-ow-ly as possible.

1 מָגֵן אַבְרָהָם

2 אַתָּה הוּא אֲדוֹנֵינוּ

3 שֶׁעָשָׂה נִסִּים לַאֲבוֹתֵינוּ

4 לְדוֹר וָדוֹר נַגִּיד גָּדְלֶךָ

5 הָאֵל הַגָּדוֹל הַגִבּוֹר וְהַנּוֹרָא

6 אֱלֹהֵינוּ וֵאלֹהֵי אֲבוֹתֵינוּ

SH'VA WARM-UP

Read each line aloud.

See if you can read them again faster!

Circle the Hebrew letters that make the sound of the English word on each line.

1	לִקְ	תַּלְ	מִצְ	יִמְ	עִבְ	eve
2	יִשְׁ	שִׁמְ	תֹמְ	אֶפְ	בָבְ	seam
3	מִקְ	סַבְ	נַקְ	רַגְ	שַׁבְּ	meek
4	דַשְׁ	דִלְ	מַפְ	עַמְ	תַכְ	deal
5	הַמְ	לִשְׁ	מַלְ	קִדְ	בָּרְ	bar

FINISH LINE

Read each word below.

Then circle and read only the final *sofit* letters and its vowel at the end of each word.

1	גוּף	קוֹף	כֶּסֶף	מוּסָף
2	מֶלֶךְ	מְבֹרָךְ	דֶּרֶךְ	בֶּרֶךְ
3	עַמֶּךָ	עִירְךָ	יָדֶךָ	
4	גָּדְלֶךָ	עֵינֶיךָ		

SPEED CHALLENGE

Turn back to the *Shin Sin Warm-Up* on page 10.

Can you read the five lines in fifty seconds or less?

Enter your time here:

I read the five lines on page 10 in _______ seconds.

Date: ________

WORD PLAY

Complete this exercise with a partner.

Reads the first word-part (קִדְ).

Have your partner read the second word-part (שָׁנוּ).

Then, read together the whole word together with your partner (קִדְּשָׁנוּ).

1	קִדְ	שָׁנוּ	קִדְּשָׁנוּ	2	עַמְ	ךָ	עַמְךָ
3	תַּלְ	מִיד	תַּלְמִיד	4	דִּבְ	רֵי	דִּבְרֵי
5	אֶפְ	שָׁר	אֶפְשָׁר	6	מַלְ	כֵי	מַלְכֵי
7	סַבְ	תָּא	סַבְתָּא	8	שִׂמְ	חָה	שִׂמְחָה

PRAYER POWER

Read these ten blessing words aloud.

Read them softly.

Then, read them even softer.

בָּרוּךְ אַתָּה יְיָ אֱלֹהֵינוּ מֶלֶךְ הָעוֹלָם

אֲשֶׁר קִדְּשָׁנוּ בְּמִצְוֹתָיו וְצִוָּנוּ

OH OO WARM-UP

Watch out for the vowels (וּ וֹ) as you read each line aloud.

See if you can say them again even faster!

1 יוֹם טוֹב תּוֹרָה שָׁלוֹם הַמוֹצִיא

2 הוּא צוּר טוּב לָנוּ בָּנוּ פּוּרִים

3 גָדוֹל צִיוֹן סִדוּר קִדוּשׁ קָדוֹשׁ

4 וּמַה הוֹדוּ טוֹבוּ מַלְכוּתוֹ אֲדוֹנֵינוּ

ECHO CANYON

Complete this workout with a group.

Half the group is the *Voice*. The other half is the *Echo*.

Voice reads each word-part. *Echo* responds by reading each whole word.

Reverse roles and repeat.

ECHO (Whole Word)	VOICE (Word-Part)	
אֱלֹהַי	לֹהַי	1
סִדוּר	דוּר	2
מַה־טֹבוּ	טֹבוּ	3
מַצוֹת	צוֹת	4
שָׁבוּעַ	בוּעַ	5
סֻכּוֹת	סֻכּוֹ	6
צִיוֹן	יוֹן	7

BALANCE BEAM

Complete this exercise with a partner.

See how many lines you and your partner can each read while you are both standing on one foot, before either of you has to put a foot down again.

1 אֲדֹנָי שְׂפָתַי תִּפְתָּח

2 עָלֵינוּ לְשַׁבֵּחַ לַאֲדוֹן הַכֹּל

3 בּוֹרֵא מִינֵי מְזוֹנוֹת

4 כֻּלָּנוּ מְסֻבִּין

5 בַּעֲבוּר שְׁמוֹ הַגָּדוֹל

6 עַיִן לְצִיּוֹן צוֹפִיָּה

TIC-TAC-TOE

Play with a partner.

Read three words in a row correctly (across, down, or diagonally) to win the game.

דַּיֵּנוּ	יָדַיִם	אֲדוֹן
מִצְוָה	נוֹתֵן	וָדוֹר
יַחְדָּו	יִצְחָק	דָּוִד

שָׁבוּעַ	וַיְכֻלּוּ	יַעֲקֹב
שַׁבָּת	לוּלָב	וְשָׁמְרוּ
וְיַצִּיב	זִיוָם	אַהֲבָה

עֶלְיוֹן	אֱלֹהֵינוּ	לָשׁוֹן
נֵרוֹת	שֶׁמֶן	אָנֹכִי
אֻלְפָּן	לְבָנֶיךָ	לְמַעַן

MEM WARM-UP

Watch out for the *mem* sounds as you read each line aloud.

See if you can read them again faster!

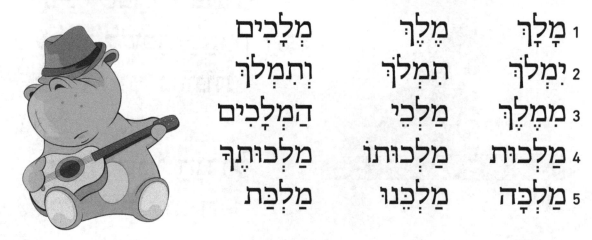

מְלָכִים	מֶלֶךְ	מָלָךְ	1
וְתִמְלֹךְ	תִּמְלֹךְ	יִמְלֹךְ	2
הַמְּלָכִים	מַלְכֵי	מִמֶּלֶךְ	3
מַלְכוּתֶךָ	מַלְכוּתוֹ	מַלְכוּת	4
מַלְכַּת	מַלְכֵּנוּ	מַלְכָּה	5

A SHABBAT SONG

Read lines 1–4. Then try to sing them.

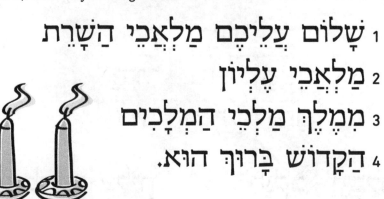

1 שָׁלוֹם עֲלֵיכֶם מַלְאֲכֵי הַשָּׁרֵת

2 מַלְאֲכֵי עֶלְיוֹן

3 מִמֶּלֶךְ מַלְכֵי הַמְּלָכִים

4 הַקָּדוֹשׁ בָּרוּךְ הוּא.

CHEER AND CLAP

Read lines 1 and 3 softly.

Read lines 2 and 4 loudly.

Clap your hands when you complete each line.

1 מוֹדֶה אֱלֹהֵי עֶרֶב שְׁמוֹנֶה נֶגֶב

2 אֵלֶיךָ אֶחָד עֶשֶׂר דֶּרֶךְ יָדֶךָ

3 לֶאֱכֹל לְפָנֶיךָ נֶפֶשׁ אֱלֹהֶיךָ אֶרֶץ

4 הַגָּפֶן אֱמֶת עֵינֶיךָ כֶּסֶף אוֹהֶבֶת

GEAR UP AND GO

Complete this exercise with a partner.

Stand up and read the odd numbered words (1, 3, 5...).

Have your partner stand up and read the even words (2, 4, 6...).

Then read all twenty words together.

1 אָרוֹן 2 בְּרָכוֹת 3 גֶּשֶׁם 4 דְּבַשׁ

5 הַבְדָּלָה 6 וֶרֶד 7 זִכָּרוֹן 8 חֲנֻכָּה

9 טַלִּית 10 יַיִן 11 כֶּתֶר 12 לֶחֶם

13 מְזוּזָה 14 נֵר תָּמִיד 15 סֻכּוֹת 16 עַיִן

17 פָּרָשָׁה 18 צִיּוֹן 19 קֶשֶׁת 20 רוּחַ

TSADEE AYIN TONGUE TWISTERS

Read each line without twisting your tongue!

As you read, point OH-ver your head for "OH" vowels and point to your belly for "OO" vowels.

1 צוֹ צְווֹ עוֹ עֲווֹ

2 עָווֹ צוֹ עֲווֹ צְווֹ

3 צוּ עוּ צְווּ עֲווּ

4 צוּ עָווֹ צוֹ עוּ

5 צְווֹ עוּ עֲווֹ צוּ

AEROBIC ZONE

Read the four lines below.

Do a jumping jack after you say each Hebrew word that has a final, *sofit,* letter.

1 חֶסֶד סְבִיבוֹן מְסֻבִּין כְּנֶסֶת

2 שִׂים יִשְׂרָאֵל יַעֲשֶׂה שָׂשׂוֹן

3 מַצָה בֵּיצָה חַלוּץ ציצִת אָרֶץ

4 מָזוֹן זֹאת עוֹזֵר זָהָב אֲזַי

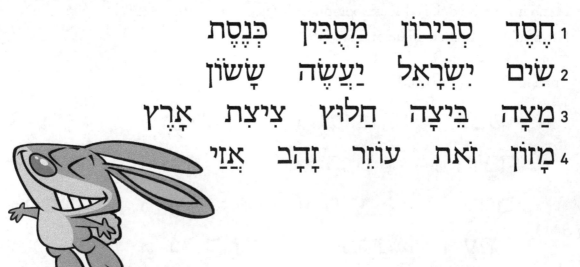

AN EYE AHV MARCH

Read the odd-numbered lines. Then read the even-numbered lines.

Circle all the letter-vowel combinations that make the *eye* sound.

Box all the letter-vowel combinations that make the *ahv* sound.

1 לָ לָי לָיו תָּ תָּי תָּיו דָ דָי דָיו

2 שַׁדַי עָלַי אֲדֹנָי אֱלֹהַי סִינַי

3 וּשְׂפָתַי רַבּוֹתַי מִצְוֹתַי עָלָיו עֵינָיו

4 פָּנָיו מִצְוֹתָיו בְּרַחֲמָיו מַעֲשָׂיו

LUNG POWER

Can you read aloud all three lines without taking a breath?

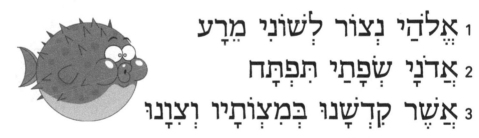

1 אֱלֹהַי נְצוֹר לְשׁוֹנִי מֵרָע

2 אֲדֹנָי שְׂפָתַי תִּפְתָּח

3 אֲשֶׁר קִדְּשָׁנוּ בְּמִצְוֹתָיו וְצִוָּנוּ

Circle one: I did it Y /N

PRAYER POWER

Read each line of this prayer. Try to learn how to sing it. Let's hear!

1 עוֹשֶׂה שָׁלוֹם בִּמְרוֹמָיו

2 הוּא יַעֲשֶׂה שָׁלוֹם

3 עָלֵינוּ וְעַל כָּל יִשְׂרָאֵל

4 וְאִמְרוּ אָמֵן.

BET KAF KARATE

Watch out for the look-alike letters as you read each line aloud.

Do a karate chop each time you make the sound of the English letter on each line.

B	בָּ כָּ כַ בַ כְ בּוּ כִּי בִּי בֹּ כֹ בוֹ	1
K	כָבוֹ כִּבֵּ בָב בְּבֵּ בְכָ כַּבִּי	2
V	כָּל מִכָּל בִּדְבָרוֹ אֲבָל אָכַל	3
R	בְּבֵית בְּכָל וּבְכָל בָּרְכוּ בְּתוֹכֵנוּ	4
M	כְּבוֹד כָּבֵד כּוֹכָבִים מַכַּבִּי	5
N	הַבְּרָכָה לְכָבוֹד בְּנֵיכֶם	6

HIKING CHEER

Kids in Israel call out this cheer as they march along.

Read the cheer aloud.

Underline eight sounds to make your own cheer, and ask a friend to read it out loud.

1 הֵי וִי ווֹ הֵי וָה ווֹ

2 הֵי וִי ווֹ וָ ווֹ ווּ הֵי

3 מֶפְּטִי בֶּפְּטִי בַּלָלָ מֶפְּטִי

4 שִׁינְגָלֶה מִינְגָלֶה לוּף לוּף!

SPEED CHALLENGE

Turn back to the *Oh Oo Warm-Up* on page 18.

Can you read the four lines in forty seconds or less?

Enter your time here:

I read the four lines on page 18 in __________ seconds.

Date: __________

PRAYER POWER

Complete this workout with a partner.

Take turns reading the six lines of this High Holiday prayer.

1 אָבִינוּ מַלְכֵּנוּ, חַדֵּשׁ עָלֵינוּ שָׁנָה טוֹבָה.

2 אָבִינוּ מַלְכֵּנוּ, כָּתְבֵנוּ בְּסֵפֶר חַיִּים טוֹבִים.

3 אָבִינוּ מַלְכֵּנוּ, כָּתְבֵנוּ בְּסֵפֶר גְּאֻלָּה וִישׁוּעָה.

4 אָבִינוּ מַלְכֵּנוּ, כָּתְבֵנוּ בְּסֵפֶר סְלִיחָה וּמְחִילָה.

5 אָבִינוּ מַלְכֵּנוּ, שְׁמַע קוֹלֵנוּ.

6 אָבִינוּ מַלְכֵּנוּ, קַבֵּל בְּרַחֲמִים וּבְרָצוֹן אֶת־תְּפִלָּתֵנוּ.

ROARS AND MORE

Read all the animal sounds.

1 מוּ 2 רוֹר 3 בַּבַּ 4 מִיאַעוּ 5 הִיהָ

6 הִישׁ 7 גַּבֶּל גַּבֶּל 8 הוּא 9 קַקָדֻדֶלְדוּ

Think of another animal sound and write it in Hebrew letters here: __________

RELAY RACE

Complete this exercise with a partner.

Read the first word-part (לַזְ).

Have your partner read the second word-part (מַן).

Read the whole word together with your partner (לַזְמַן).

Repeat the relay and try to read faster.

1 לַזְ מַן לַזְמַן 2 יִמְ לֹךְ יִמְלֹךְ

3 מִצְ וָה מִצְוָה 4 מִשְׁ כָּן מִשְׁכָּן

5 לִפְ נֵי לִפְנֵי 6 וּבְ טוּבוֹ וּבְטוּבוֹ

7 לִקְ בֹּעַ לִקְבֹּעַ 8 יִהְ יֶה יִהְיֶה

9 מִקְ דָּשׁ מִקְדָּשׁ 10 חַסְ דוֹ חַסְדוֹ

11 מִזְ מוֹר מִזְמוֹר 12 מַלְ כֵּנוּ מַלְכֵּנוּ

STRETCH!

Complete this exercise with a partner.

Stretch across! Read rows 1–4.

Stretch down! Have your partner read columns A–D.

D	C	B	A	
יִמְלֹךְ	קֹדֶשׁ	לַעֲשׂוֹת	מְזוֹנוֹת	1
מְסֻבִּין	וְשָׁמְרוּ	וַיְכֻלּוּ	כֻּלָּנוּ	2
מַלְכוּתוֹ	בּוֹקֵעַ	בְּחֻקֶּיךָ	לְדֹרֹתָם	3
תִּרְדּוֹף	יְרוּשָׁלָיִם	אֲדוֹן	בִּקְדֻשָּׁתוֹ	4

For extra stretching, call out a column letter (A–D) and row number (1–4), and ask your partner to read the designated word. Then switch.

PRAYER POWER

Read the prayer.

Circle the word that appears twice.

1 מִי כָמֹכָה בָּאֵלִם יְיָ

2 מִי כָּמֹכָה נֶאְדָּר בַּקֹּדֶשׁ

3 נוֹרָא תְהִלֹּת

4 עֹשֵׂה פֶלֶא.

VOCAL EXERCISE

Read the Hebrew sounds below.

Then try singing them to the tune of "Twinkle, Twinkle, Little Star."

1 שׁוּ שָׁ שָׁר שָׁ לָ לָשׁוֹ

2 יִשׁ שֶׁ נָ שָׁ שׁוֹ שִׁבָּ

3 שִׁי רָ שֵׁ שֶׁ עָ שָׁ שֵׁם

4 שׁוּ עָ שָׁ שׁוֹ בָּ הַשָׁ

5 יוֹ צֵ אוֹ בוֹ רֵ בוֹרֵ

6 שָׁ לוֹ הַ כֹּ אֶת הַכֹּל

SING IT OUT!

Read the words of a real Hebrew song, below.

Try to learn how to sing it. Let's hear!

1 וּשְׁאַבְתֶּם מַיִם בְּשָׂשׂוֹן מִמַּעַיְנֵי הַיְשׁוּעָה.

2 מַיִם, מַיִם, מַיִם, מַיִם, הוֹי, מַיִם בְּשָׂשׂוֹן.

3 הֵי, הֵי, הֵי, הֵי,

4 מַיִם, מַיִם, מַיִם, מַיִם, מַיִם, מַיִם בְּשָׂשׂוֹן.

How many times does the word *mayim* appear? __________

How many times does the word *b'sasson* appear? __________

LOW-IMPACT AEROBICS

Complete this exercise with a partner.

Read line one and have your partner read line two.

Continue taking turns until all eight lines have been read.

COLUMN B	COLUMN A
5 מֹשֶׁה חֹשֶׁךְ עֹשֶׁר	1 מֶשׁ חֶשׁ עֶשׁ
6 קָדֹשׁ לִלְבֹּשׁ לִפְרֹשׁ	2 דֹשׁ בֹּשׁ רֹשׁ
7 שָׁלֹשׁ חֹשֶׁת קְדֹשִׁים	3 לֹשׁ חֶשׁ דֹשִׁי
8 יוֹשֶׁבֶת שְׁלֹשֶׁת כְּמֹשֶׁה	4 יוֹשֶׁ לֹשֶׁ מֹשֶׁ

PRAYER POWER

Read the beginning of the blessings we say when we light candles (Line A).

Starting with line A, sing each complete blessing aloud (lines 1–4).

Draw a line from lines 1–4 to the occasion on which we recite each blessing.

A בָּרוּךְ אַתָּה יְיָ אֱלֹהֵינוּ מֶלֶךְ
הָעוֹלָם אֲשֶׁר קִדְּשָׁנוּ בְּמִצְוֹתָיו וְצִוָּנוּ

1 לְהַדְלִיק נֵר שֶׁל שַׁבָּת	**Hannukah**
2 לְהַדְלִיק נֵר שֶׁל יוֹם טוֹב	**Yom Kippur**
3 לְהַדְלִיק נֵר שֶׁל יוֹם הַכִּפּוּרִים	**Shabbat**
4 לְהַדְלִיק נֵר שֶׁל חֲנֻכָּה	**Other Holidays**

PAY FAY WARM-UP

Read lines 1–6 aloud.

See if you can read them again faster!

Circle the Hebrew letters that make the sound of the English word on each line.

1	פֶּן	פִּיּוֹת	פֶּרַח	פְּרִי	Pen
2	פֶּנַק	כִּפָּה	חֻפָּה	אַפַּיִם	Kipah
3	פְּנֵי	פַּעַם	לְהִתְפַּלֵּל	פִּיל	Peel
4	יָפֶה	נֶפֶשׁ	תְּפִלָּתִי	פִּי	Fee
5	אֶפְשָׁר	פְּרִי	לִפְנֵיהַגָּפֶן	דֹּפֶק	Free
6	נַפְשְׁךָ	נִפְלָא	טֶלֶפוֹן	תְּפִילִין	Telephone

LUNG POWER

Can you read aloud all three lines without taking a breath?

Circle one: I did it Y /N

1 בּוֹרֵא פְּרִי הַגָּפֶן

2 בּוֹרֵא פְּרִי הָעֵץ

3 בּוֹרֵא פְּרִי הָאֲדָמָה

COUNTING RACE

Play this game with a partner.

Count by reading the Hebrew words 1–10. Call out an English number and ask your partner to respond with the Hebrew word. Switch and play again.

1 אַחַת

2 שְׁתַּיִם

3 שָׁלֹשׁ

4 אַרְבַּע

5 חָמֵשׁ

6 שֵׁשׁ

7 שֶׁבַע

8 שְׁמוֹנֶה

9 תֵּשַׁע

10 עֶשֶׂר

WHO KNOWS ONE?

Complete this workout with a partner.

These lines are from a Passover seder counting song.

Call out a number, and have your partner read that line.

Take turns calling out a number and reading.

1 אֶחָד אֱלֹהֵינוּ

2 שְׁנֵי לֻחוֹת הַבְּרִית

3 שְׁלֹשָׁה אָבוֹת

4 אַרְבַּע אִמָּהוֹת

5 חֲמִשָּׁה חֻמְשֵׁי תוֹרָה

6 שִׁשָּׁה סִדְרֵי מִשְׁנָה

7 שִׁבְעָה יְמֵי שַׁבְּתָא

8 שְׁמוֹנָה יְמֵי מִילָה

9 תִּשְׁעָה יַרְחֵי לֵידָה

10 עֲשָׂרָה דִבְּרַיָּא

Can you underline the Hebrew words for the numbers 1–10?

(Hint: These numbers look a little different.)

CHEER AND CLAP

Practice cheering by reading the sounds on the four lines. Clap as you say each sound.

Circle all the *ah* sounds.

Underline all the *oh* sounds.

Box all the *oo* sounds.

1 אָ אֵ אוֹ אִי אָי

2 אַ אֱ אוּ אֵי אוֹי

3 אְ אֲ אֶ אֹ אַי

4 אִ אֵ אוֹ אְ אָין

SONG TIME

Read the following song.

Try to learn how to sing it. Let's hear!

עוּצוּ עֵצָה וְתוּפָר
דַבְּרוּ דָבָר וְלֹא יָקוּם
כִּי עִמָנוּ אֵל

ROLL CALL

Read the following boys' and girls' Hebrew names.

Circle any names of people you know.

BOYS	1 לֵוִי	זְאֵב	אוּרִי	דָוִד	יוֹאֵל
	2 יוֹסֵף	מֹשֶׁה	יַעֲקֹב	שִׁמְעוֹן	יוֹסִי
GIRLS	1 רוּת	דִינָה	לֵאָה	אֶסְתֵר	מִרְיָם
	2 רִבְקָה	חַנָה	רָחֵל	דְבוֹרָה	שָׂרָה

Sing a Hebrew song about דָוִד, a king of Israel.

דָוִד מֶלֶךְ יִשְׂרָאֵל חַי חַי וְקַיָם.

JUMP ROPE

Complete this exercise with a partner.

Read two words. Then switch, and have your partner read two words. Continue jumping back and forth.

1 שֹׁמֵעַ שֹׁכֵן | שֹׁרֶשׁ שֹׁגֶג

2 שֹׁטֶה שֹׁרֵד | שֹׁפְטֵי שֹׁבֵר

3 קוֹל יְיָ | שֹׁבֵר אֲרָזִים

Jump again with this new set of words.

4 עֹשֶׂה פֵּשֶׁר | אֹשֶׁה שִׁסָה

5 נֹשֵׂא עֹשִׂי | גֹשֶׁר עֹשֶׂה

6 נוֹרָא תְהִלֹת | עֹשֵׂה פֶלֶא

ACH WARM-UP

Read the following words aloud.

Touch your toes after each time you say the *ach* sound. (Hint: Look at the end of a word.)

1 הַמְנַבֵּחַ סוֹלֵחַ הַמִּזְבֵּחַ

2 מְשַׂמֵּחַ מַטְבֵּחַ לְהָנִיחַ

3 מַצְמִיחַ לְשַׁבֵּחַ

HOLIDAY SONG

Read the words of the Hanukkah song below.

1 מָעוֹז צוּר יְשׁוּעָתִי

2 לְךָ נָאֶה לְשַׁבֵּחַ

3 תִּכּוֹן בֵּית תְּפִלָּתִי

4 וְשָׁם תּוֹדָה נְזַבֵּחַ

5 לְעֵת תָּכִין מַטְבֵּחַ

6 מִצָּר הַמְנַבֵּחַ

7 אָז אֶגְמוֹר בְּשִׁיר מִזְמוֹר

8 חֲנֻכַּת הַמִּזְבֵּחַ

On which line did you find the following words?

todah ☐ *egmor* ☐ *na'eh* ☐ *tefilati* ☐ *hanukat* ☐

DOUBLE SH'VA RELAY

Complete this exercise with a partner.

Reads the first word-part (נַפְ).

Have your partner read the second word-part (שְׁךָ).

Read the whole word together with your partner (נַפְשְׁךָ).

Continue with each new word set.

תִּזְכְּרוּ	כְּרוּ	תִּז	2	נַפְשְׁךָ	שְׁךָ	נַפְ 1
חַסְדְּךָ	דְּךָ	חַס	4	יִשְׂמְחוּ	מְחוּ	יִשְׂ 3
כְּמִשְׁפְּחוֹת	פְּחוֹת	כְּמִשְׁ	6	יִלְמְדוּ	מְדוּ	יִלְ 5
תִּשְׁמְרוּ	מְרוּ	תִּשְׁ	8	נַפְשְׁכֶם	שְׁכֶם	נַפְ 7
בְּשִׁבְתְּךָ	תְּךָ	בְּשִׁבְ	10	קָדְשְׁךָ	שְׁךָ	קָדְ 9
וּבְשָׁכְבְּךָ	בְּךָ	וּבְשָׁכְ	12	וּבְלֶכְתְּךָ	תְּךָ	וּבְלֶכְ 11

OVERLAP

Complete this game with a group.

There are three words on each line. The first player reads the first word. The next player reads words 1 and 2. The next player reads words 1, 2, and 3.

מְאֹדֶךָ	נַפְשְׁךָ	לְבָבְךָ 1
וּבְלֶכְתְּךָ	בְּבֵיתֶךָ	בְּשִׁבְתְּךָ 2
וּבְקוּמֶךָ	וּבְשָׁכְבְּךָ	בַּדֶּרֶךְ 3
וַעֲשִׂיתֶם	תִּזְכְּרוּ	לְמַעַן 4

NU WARM-UP

Read the following words aloud.

Stomp your foot after each time you read the sound *nu*.

1 אֱלֹהֵינוּ   אֲבוֹתֵינוּ   עָלֵינוּ   אֲדוֹנֵינוּ

2 בָּרְכֵנוּ   מַלְכֵּנוּ   זִכְרוֹנֵנוּ   נוֹטְרֵנוּ

PRAYER POWER

Read this ten-line prayer.

Try to learn how to sing it. Let's hear!

1 אֵין כֵּאלֹהֵינוּ   אֵין כַּאדוֹנֵינוּ

2 אֵין כְּמַלְכֵּנוּ   אֵין כְּמוֹשִׁיעֵנוּ

3 מִי כֵאלֹהֵינוּ   מִי כַאדוֹנֵינוּ

4 מִי כְמַלְכֵּנוּ   מִי כְמוֹשִׁיעֵנוּ

5 נוֹדֶה לֵאלֹהֵינוּ   נוֹדֶה לַאדוֹנֵינוּ

6 נוֹדֶה לְמַלְכֵּנוּ   נוֹדֶה לְמוֹשִׁיעֵנוּ

7 בָּרוּךְ אֱלֹהֵינוּ   בָּרוּךְ אֲדוֹנֵינוּ

8 בָּרוּךְ מַלְכֵּנוּ   בָּרוּךְ מוֹשִׁיעֵנוּ

9 אַתָּה הוּא אֱלֹהֵינוּ   אַתָּה הוּא אֲדוֹנֵינוּ

10 אַתָּה הוּא מַלְכֵּנוּ   אַתָּה הוּא מוֹשִׁיעֵנוּ

How many times does the *nu* sound appear?_____

SPEED CHALLENGE

Turn back to the *Pay Fay Warm-Up* on page 30.

Can you read the six lines in thirty seconds or less?

Enter your time here:

I read the six lines on page 30 in _________ seconds.

Date: __________

PRAYER POWER

Read the lines from the Passover song below.

After each time you say the word *Dayenu,* clap three times.

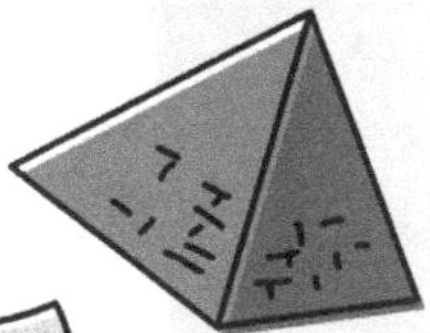

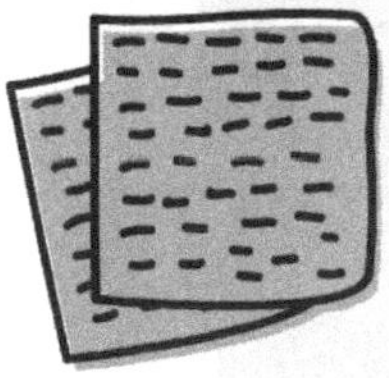

1 אִלּוּ הוֹצִיאָנוּ מִמִּצְרַיִם

2 וְלֹא־עָשָׂה בָהֶם שְׁפָטִים, דַּיֵּנוּ.

3 אִלּוּ הֶאֱכִילָנוּ אֶת־הַמָּן

4 וְלֹא־נָתַן לָנוּ אֶת־הַשַּׁבָּת, דַּיֵּנוּ.

5 אִלּוּ נָתַן לָנוּ אֶת־הַשַּׁבָּת

6 וְלֹא־קֵרְבָנוּ לִפְנֵי הַר־סִינַי, דַּיֵּנוּ.

7 אִלּוּ קֵרְבָנוּ לִפְנֵי הַר־סִינַי

8 וְלֹא־נָתַן לָנוּ אֶת הַתּוֹרָה, דַּיֵּנוּ.

TZADEE AYIN WARM-UP

Read the following five lines aloud.

Circle each ע.

Draw a box around each צ.

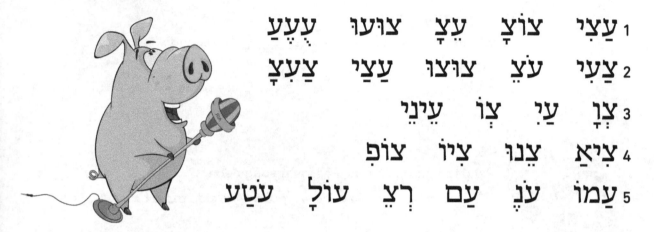

1 עַצִי צוֹצָ עֵצָ צוּעוּ עַעֶעְ

2 צַעִי עֹצֵ צוּצוּ עַצַי צַעִצָ

3 צָוְ עַיִ צְוֹ עֵינֵי

4 צִיאַ צֵנוּ צִיוֹ צוֹפִ

5 עַמוֹ עֹנֶ עַם רְצֵ עוֹלָ עֹטַע

CHET TAV STRETCH!

Complete this exercise with a partner.

Stretch across! Read rows 1–4.

Stretch down! Have your partner read columns A-D.

D	C	B	A	
אֲחֵרִים	לֶחֶם	חַלָּה	אֶחָד	1
אֱמֶת	בֵּיתֶךָ	תַּעֲנֶה	תּוֹרָה	2
חֹשֶׁךְ	חַיִּים	תִּרְצָח	בְּרֵאשִׁית	3
תַּחְמֹד	אֲבוֹתֵינוּ	שֶׁהֶחֱיָנוּ	חַסְדְּךָ	4

For extra stretching, call out a column letter (A–D) and row number (1–4) and ask your partner to read the designated word. Then switch.

COMMANDMENT CLIMB

Read each of the Ten Commandments.

After you read each commandment, stomp the number of that commandment. (For example, after you read the first commandment, stomp once, after you read the second, stomp twice.)

1 אָנֹכִי יְיָ אֱלֹהֶיךָ

I am Adonai, your God.

2 לֹא יִהְיֶה לְךָ אֱלֹהִים אֲחֵרִים עַל פָּנָי

You shall have no other gods besides Me.

3 לֹא תִשָּׂא אֶת שֵׁם יְיָ אֱלֹהֶיךָ לַשָּׁוְא

You shall not take the name of Adonai your God in vain.

4 זָכוֹר אֶת יוֹם הַשַּׁבָּת לְקַדְּשׁוֹ

Remember the Sabbath day to keep it holy.

5 כַּבֵּד אֶת אָבִיךָ וְאֶת אִמֶּךָ

Honor your father and your mother.

6 לֹא תִרְצָח

You shall not murder.

7 לֹא תִנְאָף

You shall not commit adultery.

8 לֹא תִגְנֹב

You shall not steal.

9 לֹא תַעֲנֶה בְרֵעֲךָ עֵד שָׁקֶר

You shall not bear false witness against your neighbor.

10 לֹא תַחְמֹד בֵּית רֵעֶךָ

You shall not covet your neighbor's house.

How many times does the word *lo* appear?

VAV ZAYIN CHEER

Read lines 1–5.

Read them again. But this time, skip over the Hebrew words that match the "English" on each line, and replace them with a clap.

1	אֲזַי	וְצִוָּנוּ	וְזֹאת	מָזוֹן	*mazon*
2	וְזִמְרָת	מְזוּזָה	חָזָק	קִוִּינוּ	*mezuzah*
3	וֶעֱזוּז	זִכָּרוֹן	מְזוֹנוֹת	גְּוִיָּתִי	*zikaron*
4	בַּזְּמַן	זִכְרוֹנֵנוּ	כַּוָּנָה	אֲרָזִים	*kavana*
5	הַזָּן	רַעֲוָא	זֵכֶר	וּמִשְׁתַּחֲוִים	*zecher*

BASKETBALL

Complete this exercise with a group.

Read a line and then pass the ball by calling the name of another player. That player reads the next line, and so forth.

1 וְזוֹכֵר חַסְדֵי אָבוֹת

2 וְעִם רוּחִי גְּוִיָּתִי

3 אֱמֶת מַלְכֵּנוּ אֶפֶס זוּלָתוֹ

4 וְהִשְׁתַּחֲווּ לַהֲדֹם רַגְלָיו

5 מֶלֶךְ עוֹזֵר וּמוֹשִׁיעַ וּמָגֵן

6 וּמֵכִין מָזוֹן לְכָל בְּרִיּוֹתָיו אֲשֶׁר בָּרָא

VOH WEIGHT LIFT

Read the three lines aloud.

Circle all the letter-vowel combinations that make the *vo* sound.

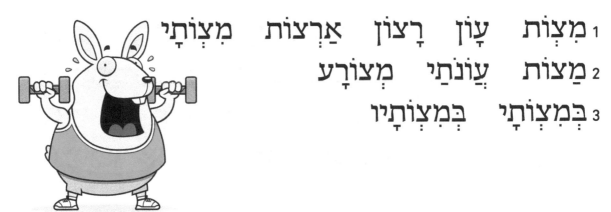

1 מִצְוֹת   עָוֹן   רָצוֹן   אַרְצוֹת   מִצְוֹתָי

2 מַצּוֹת   עֲוֹנֹתַי   מְצוֹרָע

3 בְּמִצְוֹתָי   בְּמִצְוֹתָיו

WORLD TOUR

Find your way around the world by reading the Hebrew name of each city.

Have you been to any of these cities? Circle them.

1 לוֹנְדוֹן

2 נְיוּ־יוֹרְק

3 תֵּל־אָבִיב

4 פָּרִיז

5 אַמְשְׂטֵרְדָם

6 מֶקְסִיקוֹ סִיטִי

7 לַאס וֵאגָס

8 בּוֹסְטוֹן

9 הוֹנְג קוֹנְג

10 סַן־פְרַנְסִיסְקוֹ

11 פִּילָדֶלְפִיָה

12 שִׁיקָגוֹ

13 אַטְלַנְטָה

14 יְרוּשָׁלַיִם

15 בֶּרְלִין

TET MEM SOCCER

Read the words on each line.

Circle all the letters that make the *t* sound.

1 טֹבוּ שֶׁבָּטְחוּ מִצְרַיִם מַעֲרִיב

2 הֵיטִיבָה נְטִילַת הָעַמִים בָּטָחְנוּ

3 אֵין אָנוּ מַטְבִּילִין וּמֵטִיב מָזוֹן

4 מִטוּבֶךְ אוֹתָנוּ לִמַדְתָּ וּמִשְׁפָּטִים

SAMECH FINAL MEM BASEBALL

Read the words at all four bases without a mistake to hit a home run!

2 רַחֲמִים הַסּוּס סוֹמֵךְ

3 שֶׁעָשָׂה נִסִּים

1 פְּעָמִים עֲרָבִים

4 וְעַל גְּמִילוּת חֲסָדִים

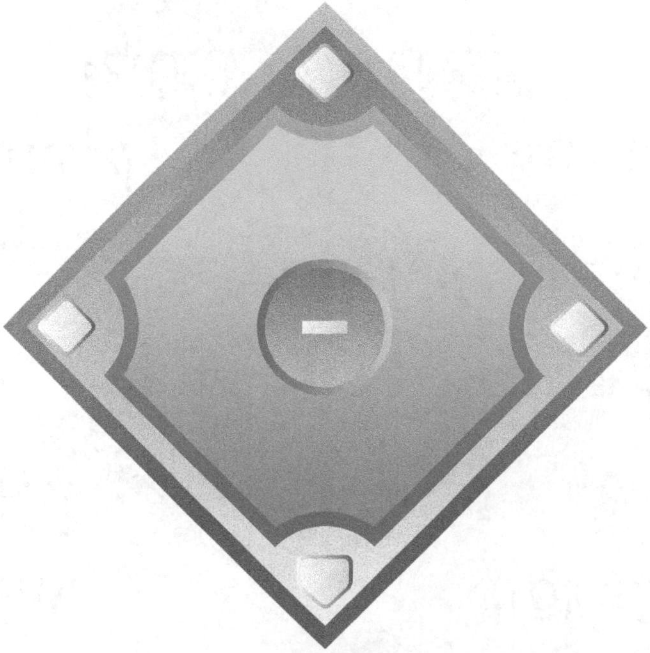

THE FOUR QUESTIONS

Read the questions we ask at the Passover seder.

Read the beginning of each question softly, then read the
lines starting with the words *halila hazeh* loudly.

1 מַה נִּשְׁתַּנָּה הַלַּיְלָה הַזֶּה מִכָּל הַלֵּילוֹת?
שֶׁבְּכָל הַלֵּילוֹת אָנוּ אוֹכְלִין חָמֵץ וּמַצָּה
הַלַּיְלָה הַזֶּה כֻּלּוֹ מַצָּה.

2 שֶׁבְּכָל הַלֵּילוֹת אָנוּ אוֹכְלִין שְׁאָר יְרָקוֹת
הַלַּיְלָה הַזֶּה מָרוֹר.

3 שֶׁבְּכָל הַלֵּילוֹת אֵין אָנוּ מַטְבִּילִין
אֲפִלּוּ פַּעַם אֶחָת
הַלַּיְלָה הַזֶּה שְׁתֵּי פְעָמִים.

4 שֶׁבְּכָל הַלֵּילוֹת אָנוּ אוֹכְלִין
בֵּין יוֹשְׁבִין וּבֵין מְסֻבִּין
הַלַּיְלָה הַזֶּה כֻּלָּנוּ מְסֻבִּין.

SAMECH SIN WARM-UP

As you read the five lines aloud, watch out for the letters that sound the same.

Clap after you say each word that makes an *s* sound.

Stomp after you say each word that makes a *sh* sound.

1 חֶסֶד מֹשֶׁה שְׂמֵחִים פַּרְנָסָה שָׂשׂוֹן

2 יִשְׂרָאֵל מָאֲסוּ שֶׁבְּכָל יִסֹּב מְשׂוֹשׂ

3 קוֹל שָׂשׂוֹן וְקוֹל שִׂמְחָה

4 וְהוּא נִסִּי שִׁיקָגוֹ לֵישֵׁב בַּסֻּכָּה

5 עַמְּךָ יִשְׂרָאֵל וּנְסַפֵּר מְאֻשָּׁר

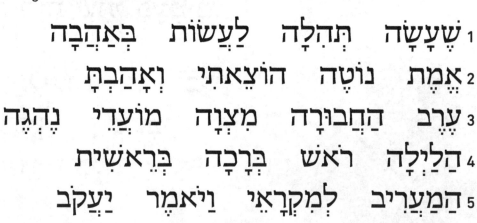

ONE-ON-ONE

Complete this workout with a partner.

Take turns reading the words on each line.

1 שֶׁעָשָׂה תְּהִלָּה לַעֲשׂוֹת בְּאַהֲבָה

2 אֱמֶת נוֹטֶה הוֹצֵאתִי וְאָהַבְתָּ

3 עֶרֶב הַחֲבוּרָה מִצְוָה מוֹעֲדֵי נֶהְגֶה

4 הַלַּיְלָה רֹאשׁ בְּרָכָה בְּרֵאשִׁית

5 הַמַּעֲרִיב לְמִקְרָאֵי וַיֹּאמֶר יַעֲקֹב

SPEED CHALLENGE

Turn back to the *Vav Zayin Cheer* on page 40.

Can you read the five lines in thirty seconds or less?

Enter your time here:

I read the five lines on page 40 in __________ seconds.

Date: ________

PRAYER POWER

Read the four blessings below. Try to sing them. Let's hear!

1 בָּרוּךְ אַתָּה יְיָ אֱלֹהֵינוּ
מֶלֶךְ הָעוֹלָם אֲשֶׁר קִדְּשָׁנוּ בְּמִצְוֺתָיו
וְצִוָּנוּ לְהַדְלִיק נֵר שֶׁל שַׁבָּת.

2 בָּרוּךְ אַתָּה יְיָ אֱלֹהֵינוּ מֶלֶךְ
הָעוֹלָם בּוֹרֵא פְּרִי הַגָּפֶן.

3 בָּרוּךְ אַתָּה יְיָ אֱלֹהֵינוּ מֶלֶךְ הָעוֹלָם
הַמּוֹצִיא לֶחֶם מִן הָאָרֶץ.

4 בָּרוּךְ אַתָּה יְיָ אֱלֹהֵינוּ מֶלֶךְ הָעוֹלָם
שֶׁהֶחֱיָנוּ וְקִיְּמָנוּ וְהִגִּיעָנוּ לַזְּמַן הַזֶּה.

Which blessing contains the words *asher* and *kidshanu*?

YUD MARATHON

Read the seven lines below.

Circle the letter-vowel combination that makes the *eye* sounds.

Box in the letter-vowel combination that makes the *ay* sounds.

1 אִי אֵי אַי אָי אָיו אוּי אוֹי

2 חִיל כִּי תָיו לִיצִי מָתַי תֶיהָ

3 בְּנֵי רָאוּי עָלַי טֶיךָ בֹּאִי וִימֵי

4 יוֹם וַיְ יַם וַיִשְׁ לְיוֹ יָדֶ

5 יֶה אִיְ נָיִם יַעֲ יְהֵא יִשְׁ

6 חַיֵי יְהִי יָדִי חַיִים יְמִינְ יֶיךָ

7 יַגִיד יְמֵי יָחִיד יוֹתֵי יֶינָה יוֹשִׁי

THE FINISH LINE

Cross the finish line by reading the phrases below.

1 וַיְהִי עֶרֶב וַיְהִי בֹקֶר

2 יוֹם הַשִּׁשִּׁי

3 וַיְכַל אֱלֹהִים

4 וַיִשְׁבֹּת בַּיּוֹם הַשְּׁבִיעִי

5 וַיְבָרֶךְ אֱלֹהִים

6 וּפִי יַגִּיד תְּהִלָּתֶךָ

7 וְעִם רוּחִי גְוִיָּתִי

8 יִשָּׂא יְיָ פָּנָיו אֵלֶיךָ

BASKETBALL

Complete this exercise with a group.

Read a word, and then pass the ball by calling the name of another player. That player reads the next word, and so forth.

1 שׁוֹפָר	2 כִּפָּה	3 נֵרוֹת
4 מְזוּזָה	5 סֻכָּה	6 מְגִלָּה
7 תּוֹרָה	8 יַיִן	9 טַלִּית
10 מַצָּה	11 סִדּוּר	12 חַלָּה
13 סְבִיבוֹן	14 נֵר תָּמִיד	15 חֲנֻכִּיָּה

PRAYER POWER

Read these five lines from the prayer that is sung when the Torah is returned to the Ark.

Try to learn how to sing them. Let's hear!

1 עֵץ חַיִּים הִיא

2 לַמַּחֲזִיקִים בָּהּ

3 וְתֹמְכֶיהָ מְאֻשָּׁר

4 דְּרָכֶיהָ דַרְכֵי־נֹעַם

5 וְכָל־נְתִיבוֹתֶיהָ שָׁלוֹם

FOR ACCURATE AND FLUENT HEBREW READING

Awarded to

_____

STUDENT NAME

By

_____

TEACHER NAME

_____

DATE

MAZAL TOV!

Project Editors:
Ruby G. Strauss, Ann D. Koffsky

Book Design: Auras Design, Inc.

Copyright ©1997, 2017 by
Behrman House, Inc. 11 Edison Place,
Springfield, N.J., 07081

ISBN: 978-0-87441-899-6

Printed in the United States of America

The publisher gratefully acknowledges the following sources of images:
(T = Top; B = Bottom; M = Middle)

COVER: Shutterstock: wenchiawang (timer), Ron Leishman (dog), schwarzhana (cat), Cory Thoman (gator)

INTERIOR: Shutterstock: Ron Leishman 1, 3B, 5, 8M, 13 T, 16, 22B, 24, 29, 31, 33, 35, 44, 46, 48B; Liusa 3T, 4T, 7, 13B,14, 19, 20T, 21, 26, 27T, 28, 32B, 40, 43, 47T; HitToon 4B, 6; owatta 9; lineartestpilot 12; Cory Thoman 15T, 18, 32T, 41T; humphrey15B; infini 20B; schwarzhana 22T; Yayayoyo 23M, 30, 36B; Stokio menorah 34; Liron Peer 37; Memo Angeles 41B; doodle 42; dedMazay 47B; La Gorda 48T; Krisztian prayer book; wenchiawang timer; Fukurou Y/N faces. Rob Sugar 11, 39